나라꽃 무궁화 이야기

윤주복 지음

우리나라 꽃

동해 물과 백두산이 마르고 닳도록
하느님이 보우하사 우리나라 만세
무궁화 삼천리 화려 강산
대한 사람 대한으로 길이 보전하세

옛날부터 조상들에게 사랑받은 무궁화가
애국가 노랫말에 들어가 불리면서
무궁화는 자연스레 우리나라를 상징하는
나라꽃이 되었어요.
나라꽃 무궁화가 살아가는 모습을
우리 함께 하나하나 살펴보아요.

무궁화 삼천리 화려 강산~

봄이 오면 새순이 돋아요

추위가 다 물러간 늦은 봄이 되면
맨몸으로 겨울을 난 무궁화 가지에서
새순이 조심스럽게 돋아나 자라요.

앙상한 가지에는
조그만 겨울눈이
준비되어 있어요.
싹을 품은 겨울눈은
따스한 봄바람을
손꼽아 기다려요.

무궁화 겨울눈은
추위가 물러간 늦은 봄이 되어서야
연둣빛 **새순**이 살며시 돋아요.
이처럼 조심스러운 무궁화의 몸가짐을
우리 조상들은 무척 좋아했어요.

꽃봉오리가 맺혔어요

여름이 시작되면 가지마다 촘촘히
초록색 꽃망울이 맺히기 시작해요.
동그란 꽃봉오리는 점점 크게 자라요.

망울만 맺히고
아직 피지 않은
꽃망울이에요.
꽃망울은 점차
꽃봉오리로 자라요.

꽃망울일까,
꽃봉오리일까?

꽃망울을 감싸서 보호하는 부분을 **꽃받침**이라고 해요.

어린 꽃망울은 차례대로 올라가며 점차 크게 자라요.

꽃망울이 자라면 꽃받침이 벌어지며 돌돌 말린 꽃잎이 고개를 내미는데 이것을 **꽃봉오리**라고 해요. 꽃망울이 자라서 꽃봉오리가 되지만 둘의 구분이 확실하진 않아요.

아래쪽의 꽃봉오리가 맨 먼저 벌어지며 분홍색 꽃잎이 펼쳐지기 시작해요.

꽃잎은 5장이 돌려가며 달려요.
꽃잎의 색깔은 분홍색, 붉은색,
청자색, 흰색 등 여러 가지예요.

꽃잎 안쪽의 붉은색 무늬는
단심이라고 해요.

단심에서 길게 뻗는
붉은색 가는 선은
단심선이라고 해요.

암술

수술

저 붉은색 무늬가
단심이구나!

꽃 가운데 기둥에는 암술과 수술이
촘촘히 달려요. 암술과 수술은
열매를 맺고 씨앗을 만드는 역할을 해요.

8월에 핀 무궁화
무궁화는 **끊임없이 피는 꽃**이라는
뜻의 한자 이름이에요.

무궁화 꽃이 피었습니다

7월의 어느 날 밤 부풀었던 꽃봉오리가
살포시 벌어지며 무궁화 꽃이 피었어요.
무궁화 꽃 한 송이는 한밤중에 피었다가
저녁에 시드는 하루살이 꽃이지만
여러 개의 꽃봉오리가 준비되어 있다가
7월부터 10월까지 꽃이 피고 지기를
끊임없이 반복하며 꽃을 달고 있어요.
이처럼 꾸준히 꽃이 피는 모습은
우리 민족이 지닌 은근과 끈기를
닮았다고 이야기해요.

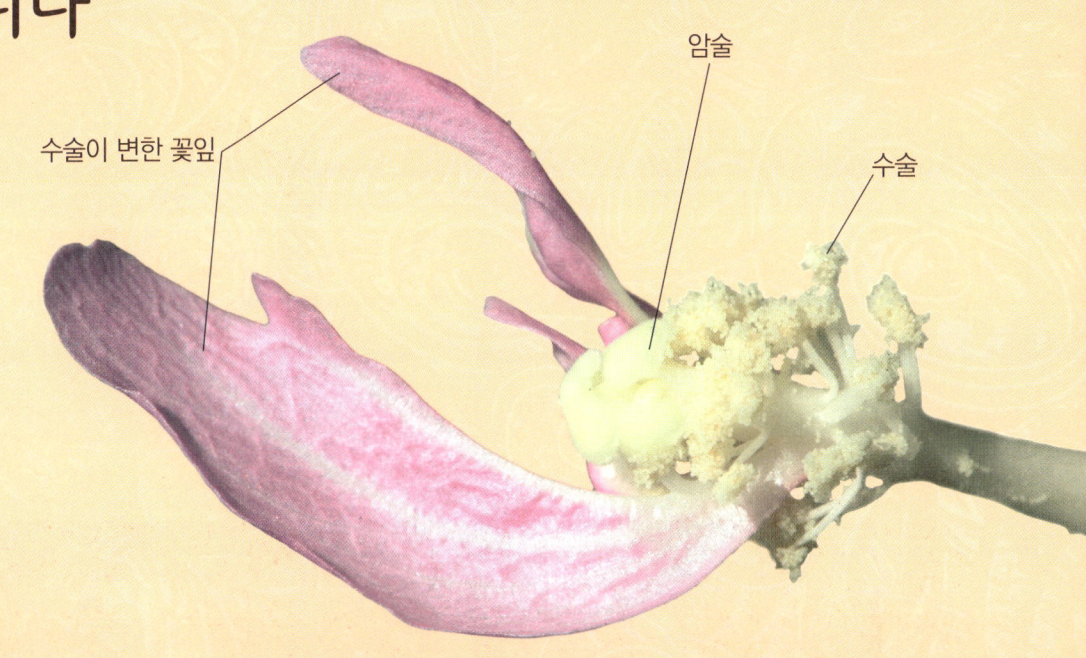

이 꽃처럼 무궁화는 수술의 일부가 꽃잎으로 변하는 꽃도 있어요.
사람들은 수술을 꽃잎으로 바꿔서 새로운 겹꽃을 만들어 키워요.

이 꽃처럼 수술의 일부가 꽃잎으로
변한 꽃을 **반겹꽃**이라고 해요.

이 꽃처럼 암술과 수술의 대부분이
꽃잎으로 변한 꽃을 **겹꽃**이라고 해요.

무궁화 꽃의 일생

무궁화는 100일 정도 꽃을 달고 있지만 무궁화 꽃 한 송이는 한밤중에 피었다가 저녁에 시드는 하루살이 꽃이에요.
꽃 한 송이의 일생을 자세히 살펴보아요.

날마다 새로운 꽃 한 송이가 피어요~

9월 11일 오전 3시

9월 11일 오후 1시

9월 11일 오후 4시

9월 11일 오후 6시

9월 11일 오후 8시

9월 11일 오후 10시

9월 12일 오전 0시

9월 12일 오전 2시

9월 12일 오전 4시

9월 12일 오후 2시

9월 12일 오후 4시

9월 12일 오후 6시

9월 12일 오후 8시

9월 12일 오후 10시

9월 13일 오전 0시

9월 13일 오전 2시

꽃이 지고 열매가 맺혀요

아름다운 꽃도 질 때는 지저분한 경우가 많아요.
하지만 무궁화는 저녁 때가 되면 오므린 꽃잎이 떨어져 나가서
항상 깨끗한 꽃만 달고 있어요. 이처럼 무궁화는
몸가짐이 단정한 예절 바른 꽃이라고 할 수 있답니다.

꽃이 지는 모습도 참 예쁘다~

어린 꽃망울은 차례대로 자라요.

다음 날 피어날 큼직한 꽃봉오리가 준비되어 있어요.

한밤중에 핀 꽃은 저녁이면 시든 꽃잎을 돌돌 말아 닫은 후에 떨어져 나가요.

가을이 되면 열매가 익고 단풍이 들어요

가을이면 열매가 알알이 영글어요.
찬바람이 불어오고 기온이 떨어지면
잎사귀는 노랗게 단풍이 들고
낙엽을 떨어뜨릴 준비를 해요.

열매도 노랗고,
잎사귀도 노랗고~

맨 위에 꼿꼿이 선
마지막 열매는
꽃받침에 싸인 채
큼직하게 자랐어요.

꽃받침

가지 아래쪽의
첫 번째 열매는
세로로 갈라져서
벌어지기 시작해요.

가지 중간의
두 번째 열매는
노랗게 익었어요.

잘 익은 열매는
위쪽 부분부터
5갈래로 갈라져서
벌어지기 시작해요.

잎맥

무궁화 잎사귀는
잎맥부터 노랗게 단풍이 들어요.
잎맥은 뼈처럼 잎 모양을 유지하고
핏줄처럼 물과 양분을 나르는
수도관과 같은 역할을 해요.

꽃잎에 오글쪼글
주름이 생겼어요.

추워진 가을 날씨에
잎사귀는 노랗게
단풍이 들었어요.

쌀쌀한 날씨에 핀 무궁화 꽃은
찬바람 때문에 꽃잎이 주름져요.
무궁화는 아무리 춥고 힘들어도
마지막 순간까지 최선을 다해
꽃을 피워 내요.

겨울에는 맨몸으로 추위를 이겨 내요

한겨울 매서운 바람이 불어오면 시든 잎은 모두 떨어져 나가고
앙상한 가지는 추위를 견디며 겨울을 나요.
누렇게 익으면서 벌어진 열매는 가지에 겨우내 매달려 있으면서
바람이 불 때마다 털이 달린 씨앗이 하나둘씩 바람을 타고 날아가요.
덕분에 씨앗은 골고루 퍼지지요.

벌어진 열매 속에 하얀 눈이
솜털처럼 소복소복 쌓였어요.

갈라진 열매는 점점 벌어지며
씨앗이 하나둘 바람을 타고 날아가요.

낙엽을 떨군 앙상한 가지에는
조그만 겨울눈이 찬바람을 맞으며
한겨울을 견뎌 내요.

납작한 씨앗은
콩팥처럼 생겼고
등쪽으로 돌려가며
긴 털이 나 있어요.

어떤 나무는 꽃이 필 때까지
묵은 열매가 매달려 있어요.
무궁화는 쓸모없는 열매껍질마저도
스스로 떨구어 버릴 때까지
기다려 주어요.

무궁화는 어떻게 번식할까요?

무궁화는 생명력이 강한 나무라서 옮겨 심어도 무럭무럭 잘 자라요. 가을에 채집해 두었던 씨앗을 이른 봄에 뿌려도 싹이 터서 자라지요. 더 쉬운 방법은 꺾꽂이랍니다. 이른 봄에 가지를 잘라 땅에 꽂으면 잎이 나와 새로운 나무로 자라요.

씨앗을 뿌리면 싹이 터서 자라요.

땅속도 아닌데 새싹을 틔웠어!

열매에서 떨어지지 못한 씨앗이 빗물에 젖어서 새싹이 텄어요. 무궁화 씨앗은 생명력이 강해요.

마른 열매가 심하게 젖혀져서 왼쪽 열매가 벌어지지 못하게 방해하고 있어요.

꺾꽂이를 해 보아요.

이른 봄에 자른 가지를 흙에 꽂고 물을 줍니다.
비닐을 덮어 주면 더욱 좋아요.

새순

점차 땅속으로 뿌리를 내리고 마디에서 새순이
나와 자라요.

새로 자란 가지

꺾꽂이한 가지

화분에 꺾꽂이를 한 가지 옆에서 새 가지가 자라 꽃이 피었어요.

무궁화 품종

무궁화는 수백 가지 품종이 있어요. 품종마다 꽃의 색깔이나 모양이 조금씩 다르고 꽃잎이 여러 겹인 겹꽃도 있어요.

단심 무늬가 없는 무궁화도 있네!

🌺 **흰색 꽃이 피는 품종이에요.**

옥토끼 큼직한 흰색 꽃은 바람개비 같아요.

한서 꽃잎은 활짝 벌어지지 않아요.

배달 큼직한 흰색 꽃은 활짝 벌어져요. 아주 오래전에는 우리나라를 배달이라고 했어요.

백조 큼직한 흰색 꽃은 꽃잎 테두리에 주름이 져요.

사임당 흰색 꽃 가운데에 작은 속꽃잎이 약간 있어요.

백화립 꽃 속에 작은 속꽃잎이 많은 겹꽃이에요.

잔다르크 꽃잎이 여러 겹인 겹꽃이에요.

🌺 흰색 꽃잎에 붉은색 단심 무늬가 있는 품종이에요.

백단심 흰색 꽃은 종 모양으로 활짝 피어요.

선덕 흰색 꽃잎 끝은 약간 뒤로 말려요. 우리나라 사람들이 가장 아름다운 무궁화로 뽑은 품종이에요.

안동 크기가 작은 꽃이 피는 무궁화예요.

심산 오늘 핀 꽃은 내일 아침까지 시들지 않아요.

일편단심 꽃잎이 활짝 벌어지지 않아 별 모양이에요.

새빛 단심 무늬의 붉은색 단심선이 길게 벋어요.

우정 붉은색 단심선이 길게 벋고 속꽃잎이 있어요.

설악 가운데에 작은 속꽃잎이 많은 겹꽃이에요.

한보람 가운데에 작은 속꽃잎이 많은 겹꽃이에요.

🌺 붉은색 꽃이 피는 품종이에요.

칠보 단심 무늬의 붉은색 단심선이 길게 뻗어요.

광명 큼직한 꽃은 붉은색 꽃잎이 활짝 벌어져요.

불새 붉은색 새가 날아오르는 모습이에요.

난파 음악가 홍난파 선생님의 이름을 딴 품종이에요.

아사달 흰색 꽃잎에 분홍색 무늬가 생기는데 이것을 아사달 무늬라고 해요. 드물게 속꽃잎이 생기기도 해요.

홍순 꽃잎에 분홍색 무늬가 있고 속꽃잎도 있어요.

각창화립 단심 무늬가 속꽃잎에 가리는 반겹꽃이에요.

루시 겹꽃으로 모양이 장미와 비슷해요.

폼폰루즈 겹꽃잎이 많은 것이 카네이션을 닮았어요.

🌸 **자주색이나 푸른색 꽃이 피는 품종이에요.**

동해 푸른빛이 감도는 큼직한 꽃이 활짝 벌어져요. 꽃 색깔이 쪽빛 동해 바다처럼 아름다운 품종이에요.

청암 꽃잎이 폭이 좁고 사이가 벌어져서 바람개비 같아요.

통일 통일을 바라는 마음으로 붙여진 이름이에요.

고주몽 고구려 임금 고주몽의 이름을 딴 품종이에요.

님보라 '님이여 나를 보라'를 줄여서 만든 이름이에요.

세레나데 꽃 속에 작은 속꽃잎이 발달한 품종이에요.

순지화립 꽃 속에 폭이 좁은 속꽃잎이 발달한 겹꽃이에요.

파랑새 파란색 꽃잎이 파랑새를 닮은 품종이에요.

하공 파란색 꽃잎은 활짝 벌어져요.

23

무궁화의 날은 언제일까요?

8월 8일은 '무궁화의 날'이에요.
무궁화를 기념하는 날이 없는 것을
안타깝게 여긴 1만여 명 어린이의
뜻이 모아져 2007년에 만들어졌지요.
숫자 8을 옆으로 눕히면
끝이 없는 무한대 기호(∞)가 되는데
'끝이 없다'라는 '무궁'의 의미와 같아서
8월 8일을 무궁화의 날로 정하게 되었어요.
어린이들이 앞장서 만든 뜻깊은
무궁화의 날을 한마음으로 축하해요.

무궁화의 날을 축하합니다!

무궁화와 가까운 친척 식물들

무궁화와 가까운 친척 식물들은
무궁화처럼 아름다운 꽃이 피어요.
무궁화와 닮은 점을 찾아보아요.

어디가 어디가 닮았을까?

당아욱
무궁화의 친척으로 화초로 기르며
가슴 높이만큼 곧게 자라요.

목화
무궁화의 친척으로 밭에서 기르며
허리 높이 정도로 자라는 풀이에요.
씨앗의 폭신한 솜털을 모아서
옷감을 만들어요.

닥풀
무궁화의 친척으로 화초로 기르며
승용차 높이만큼 곧게 자라요.

미국부용
무궁화와 가족으로 꽃이 비슷해요.
화초로 기르며 어른 키만큼 자라는 풀이에요.

하와이무궁화
무궁화와 가족으로 꽃이 비슷해요.
더운 열대 지방에서 자라는 키가 작은 나무예요.

접시꽃
무궁화의 친척으로
화초로 기르며
어른 키만큼
자라는 풀이에요.

수박풀
무궁화와 가족으로 꽃이 비슷해요.
화초로 기르며 무릎 높이 정도로
곧게 자라요. 수박잎을 닮아서
수박풀이라고 해요.

어저귀
무궁화의 친척으로
길가나 빈터에서
어린이 키만큼
자라는 풀이에요.

다른 나라의 나라꽃

나라꽃은 한 나라를 상징하는 꽃이에요.
한자 말로는 '국화(國花)'라고 하지요.
꽃을 한 나라의 상징으로 정한 것은
150여 년 전 유럽에서부터예요.
여러 나라의 나라꽃을 알아보아요.

네덜란드 튤립

남아프리카공화국 용왕꽃

대만 매화

독일 수레국화

말레이시아 하와이무궁화

멕시코 달리아

북한 함박꽃나무

스위스 에델바이스

스코틀랜드 엉겅퀴

스페인 카네이션

예멘 커피나무

우크라이나 해바라기

웨일즈 수선화

이집트 수련

인도 연꽃

잉글랜드 장미

태국 황금카시아

폴란드 꽃양귀비

핀란드 은방울꽃

각 지방을 상징하는 꽃과 나무

나라마다 나라를 상징하는
나라꽃이 있는 것처럼
각 지방을 상징하는 꽃과 나무가 있어요.
내가 살고 있는 지방을 상징하는
꽃이나 나무는 무엇인지 알아보아요.

우리 고장을 대표하는 꽃과 나무들이에요~

서울특별시

꽃 개나리   나무 은행나무

부산광역시

꽃 동백꽃   나무 동백나무

대구광역시

꽃 목련   나무 전나무

인천광역시

꽃 장미   나무 튤립나무

광주광역시

꽃 철쭉   나무 은행나무

대전광역시

꽃 백목련   나무 소나무

울산광역시

꽃 장미   나무 대나무

경기도

꽃 개나리   **나무** 은행나무

충청북도

꽃 백목련   **나무** 느티나무

충청남도

꽃 국화   **나무** 소나무

전북특별자치도

꽃 배롱나무   **나무** 은행나무

전라남도

꽃 동백나무   **나무** 은행나무

경상북도

꽃 배롱나무   **나무** 느티나무

경상남도

꽃 장미   **나무** 느티나무

강원특별자치도

꽃 철쭉   **나무** 잣나무

제주특별자치도

꽃 참꽃나무   **나무** 녹나무

# 찾아보기

ㄱ
각창화립 22
개나리 30, 31
겹꽃 9
고주몽 23
광명 22
국화 31
꺾꽂이 19
꽃망울 6
꽃받침 7
꽃봉오리 7
꽃양귀비 29

ㄴ
나라꽃(국화) 2, 28
난파 22
녹나무 31
느티나무 31
님보라 23

ㄷ
닥풀 26
단심 8
단심선 8
달리아 28
당아욱 26
대나무 30
동백꽃 30
동백나무 30, 31
동해 23

ㄹ
루시 22

ㅁ
매화 28
목련 30
목화 26
미국부용 27

ㅂ
반겹꽃 9
배달 20
배롱나무 31
백단심 21
백목련 30, 31
백조 20
백화립 20
불새 22

ㅅ
사임당 20
새빛 21
새순 4
선덕 21
설악 21
세레나데 23
소나무 30, 31
수레국화 28
수련 29

수박풀 27
수선화 29
순지화립 23
심산 21
씨앗 17, 18

ㅇ
아사달 22
안동 21
어저귀 27
엉겅퀴 29
에델바이스 29
연꽃 29
열매 12, 14, 16
옥토끼 20
용왕꽃 28
우정 21
은방울꽃 29
은행나무 30, 31
일편단심 21
잎사귀 15

ㅈ
잔다르크 20
잣나무 31
장미 29, 30, 31
전나무 30
접시꽃 27

ㅊ
참꽃나무 31
철쭉 30, 31
청암 23
칠보 22

ㅋ
카네이션 29
커피나무 29

ㅌ
통일 23
튤립 28
튤립나무 30

ㅍ
파랑새 23
폼폼루즈 22

ㅎ
하공 23
하와이무궁화 27, 28
한보람 21
한서 20
함박꽃나무 28
해바라기 29
햇가지 5
홍순 22
황금카시아 29